Thérèse Bentzon

Les Femmes du Canada français

Essai

ISBN : 978-1544618777

10 9 8 7 6 5 4 3 2 1

Thérèse Bentzon

Les Femmes du Canada français

Essai

Table de Matières

Les Femmes du Canada français

Avant de commencer à mettre en ordre les impressions que j'ai rapportées pêle-mêle du Canada, je voudrais dire comment il m'a été donné de les recueillir, comment j'ai pu voir et comprendre très vite beaucoup de choses en appuyant mes observations, nécessairement superficielles, sur des connaissances historiques que je n'avais certes pas avant de quitter Paris. Ce fut une bonne fortune inattendue qui me fit rencontrer l'un des représentants les plus distingués de l'Amérique française en la personne de M. l'abbé Casgrain. Nous venions de nous embarquer sur la *Champagne*, nous n'avions pas encore quitté le Havre, quand, au milieu d'un nombre de passagers moins considérable que si le jour du départ n'eût pas été le 13, cette haute figure de prêtre qui arpentait le pont à grands pas déterminés, tout en causant avec un ami, fixa mon attention. Je dis prêtre, quoique mon compagnon de traversée portât l'habit civil, mais il y a je ne sais quoi qui trahit l'état ecclésiastique même chez un voyageur de profession comme l'est l'abbé Casgrain ; lequel, entamait bravement sa trentième traversée. Ce pèlerin annuel aux pays d'Europe, ce passionné pêcheur de saumon, héritier de l'étonnante activité physique de sa race, est pourvu d'une activité d'esprit au moins égale. Il parlait avec animation en soulignant par des gestes expressifs un français plus fermement et plus lourdement prononcé qu'il ne l'est chez nous d'habitude, et je cherchais en vain à reconnaître dans les inflexions assez particulières de sa voix au timbre clair, l'accent de telle ou telle province. Cet accent non classé est tout simplement, on le croit du moins au Canada, l'accent du XVIIe siècle. Évidemment je me trouvais en présence de *quelqu'un*. Grande taille, grands traits, lunettes noires abritant des yeux usés par la lecture des vieux manuscrits, la face rasée développant une charpente osseuse énergique, les dents fortes et blanches qui se découvrent tout entières en parlant, les cheveux gris, épais et drus sous le chapeau haut de forme, l'air d'autorité naturelle et involontaire d'un homme habitué à inspirer confiance et respect : voilà en quelques coups de crayon l'abbé Casgrain. J'entendais, à mesure qu'il passait et repassait, les noms qui, pour moi, ne représentaient rien encore, de Québec et de Laurier, la ville française par excellence et le ministre à la fois catholique et libéral, objet d'un double dévouement de la part de ce Canadien très éclairé, supérieur à toute étroitesse. Par la force de sa parole vivante et persuasive et aussi la plume à la main, l'abbé Casgrain a donné autant d'amis à son pays qu'il a eu d'interlocuteurs et de lecteurs dans une carrière déjà longue. C'est sa tâche en ce monde que de faire connaître et valoir le Canada français. Celui-ci est encore tout aux mains de l'Eglise ; de nombreux missionnaires continuent dans ses parties les plus lointaines à faire avancer pas à pas la civilisation parmi les sauvages ; les écoles sont au pouvoir des prêtres et des religieuses ; les archives complètes de tous les villages, documents uniques et sans prix, leur appartiennent ; le clergé garde la clef de tout et les historiens protestants comme Parkman l'ont bien compris. Rien n'est possible sans son intermédiaire. Or, entre les guides compétents à titres divers qu'il aurait pu me fournir, j'eusse choisi l'abbé Casgrain, docteur ès lettres, professeur d'université, membre de plusieurs sociétés savantes tant en France qu'en Amérique, biographe de Montcalm et de Lévis, compilateur patient des précieuses archives de l'Hôtel-Dieu de Québec, lauréat de l'Académie française pour l'attachante histoire des Acadiens qu'il a intitulée, se souvenant de Longfellow : *Pèlerinage au pays d'Evangéline*. Un hasard, auquel il prétend avoir aidé un peu, le plaça dès le premier soir de la traversée à la table où je me trouvais. Il eut vite fait de se déclarer lecteur assidu de la *Revue des Deux Mondes* ; tel fut le début de ce que je lui demande respectueusement d'appeler notre amitié. Ce que j'ai vu et appris au Canada, c'est beaucoup grâce aux facilités qu'il m'a généreusement procurées. Chez lui et dans son entourage immédiat j'ai rencontré les personnalités les plus marquantes de cette province de Québec, française autant pour le moins que la France elle-même.

Je tiens à l'en remercier sous forme d'avant-propos, d'abord pour avoir le droit de lui dédier mes souvenirs et aussi pour n'être pas forcée de revenir à chaque instant, comme il le faudrait sans cela, sur ce que j'ai puisé dans le trésor toujours ouvert de ses renseignements.

Ayant dit à M. Casgrain que je pensais continuer au Canada des études déjà commencées sur la condition des femmes en Amérique, il me donna cet excellent conseil : — Visitez d'abord les couvents.

Bien entendu, ce fut lui encore qui me fit pénétrer dans ces retraites

closes, et, après examen attentif, je déclare qu'avec de grandes dif-
férences dans leurs moyens d'action et avec un but qui n'est certes
pas le même, les Américaines du Canada ont exercé et exercent
encore une influence sociale tout aussi grande que leurs sœurs des
Etats-Unis ; mais les plus intéressantes d'entre elles sont assurément les religieuses. Le prestige qu'elles ont hérité de leurs grandes
ancêtres spirituelles, le rôle actif que ces dernières jouèrent dans la
fondation de la colonie, le pouvoir indiscuté qui en résulte pour les
religieuses d'aujourd'hui et l'attitude particulière que leur donne le
sentiment de cette force, les souvenirs émouvants, les glorieuses
annales dont elles sont les gardiennes, le mélange dans les cloîtres
comme ailleurs des deux nationalités anglaise et française, le voisi-
nage de la liberté américaine proprement dite qui, — je l'avais déjà
remarqué tant à Baltimore qu'à New-York, — ouvre de certaines
fenêtres sur des horizons plus vastes que ne le comporte dans nos
vieux pays l'état monastique, tout cela contribue à les placer très
haut, même au point de vue purement humain. Je commence-
rai donc par une visite dans quelques couvents cette étude de la
Canadienne.

A l'Hôtel-Dieu de Québec ce sera même autre chose qu'une visite,
car j'y ai vécu, quittant, pour me rapprocher de la duchesse d'Aiguillon et de ses protégées, les splendeurs du château Frontenac,
l'une des plus magnifiques auberges qui soient au monde. Ce
qui me conduisit chez les Hospitalières fut justement le goût que
m'avait inspiré un livre de l'abbé Casgrain,[1] puis, ayant pénétré
dans la place, j'y revins comme malgré moi.

Jamais je n'oublierai cette première visite au parloir. Je ne vis
d'abord que la grille de clôture et, en face, attaché à la boiserie, le
portrait de la bienfaitrice de l'endroit, une belle gravure ancienne
autour de laquelle étaient gravés les mots : *Très haute et très puis-
sante dame, Marié de Vignerod, duchesse d'Aiguillon*. Mais dès que
deux religieuses étrangement semblables, dans leurs vêtements
blancs amples et majestueux, à mes chères amies du Louvre, im-
mortalisées par Philippe de Champaigne, eurent paru derrière
la double grille, tout s'évanouit pour moi, sauf ces deux intéressants visages : l'un vermeil, animé, rayonnant de bienveillance et
de franchise, l'autre d'une blancheur d'albâtre transparent, éclairé

---

1 *Histoire de l'Hôtel-Dieu de Québec*, par l'abbé H. B. Casgrain, Montréal.

Thérèse Bentzon

par un regard et un sourire que je ne rencontrerai plus jamais en ce monde, une mère Agnès qui porte au Canada le nom de Saint-André. Nous causâmes simplement de tout, à travers les noirs barreaux, comme nous l'aurions fait dans un salon, et ma première impression s'affermit ; je sentis qu'une occasion unique se présentait pour moi de pénétrer au cœur même de la Nouvelle-France telle que la façonna, bien plus que ne le firent jamais gouverneurs ni intendants, ce triple pouvoir qui abordait le 1er août 1639 à l'île d'Orléans, en vue de Québec, entassé, on peut le dire, dans la pauvre petite barque de maître Jacques Vastel : « un collège de jésuites, un couvent d'Ursulines et une maison d'Hospitalières ». En tout, treize personnes, y compris un frère et une brave suivante qui s'était engagée à servir dix ans pourvu qu'à la fin lui fût donné l'habit de sœur converse.

On sait comment s'était produit l'exode extraordinaire de ces missionnaires des deux sexes. La duchesse d'Aiguillon, malgré ses boucles flottantes, les guipures de son corsage et sa toilette de cour, était une veuve chrétienne qui avait essayé de la vie des Carmélites. Forcée par sa frêle santé, plus encore que par la volonté d'un oncle auquel on ne résistait guère pourtant, que l'on fût ou non sa nièce, car il se nommait le cardinal de Richelieu, forcée par un double motif à rentrer dans le monde, elle s'en consolait en accomplissant des œuvres de piété innombrables. Son intérêt se portait particulièrement sur les missions, ce qui ne peut nous surprendre puisqu'elle avait saint Vincent de Paul pour directeur ; d'ailleurs les pages, palpitantes d'enthousiasme, de la *Relation des Jésuites* arrivaient à Paris pour y enflammer dans les couvents toutes les imaginations, et pour répandre dans les cercles mondains une émotion singulière égale à celle qu'eût pu causer un beau roman de chevalerie. Or le père Lejeune, placé à la tête des missions de la Nouvelle-France, avait écrit, dans le style un peu fleuri et précieux qui lui était propre, que non seulement un grand nombre de religieux s'empressaient vers le froid et lointain pays où ils savaient trouver l'air du ciel, mais qu'un nombre non moins grand de religieuses ne demanderaient qu'à les suivre pour secourir les pauvres filles et les pauvres femmes des sauvages.

« Hélas ! s'écriait-il, voilà des vierges tendres et délicates prêtes à jeter leur vie au hasard sur les ondes de l'Océan et on ne trouvera point quelque brave dame qui donne un passeport à ces amazones du Grand Dieu ? »

On trouva deux de ces braves dames. La première qui se déclara prête fut Mme de la Peltrie, la plus romanesque, la plus séduisante, la plus imprudente aussi des âmes dévotes. Restée veuve de très bonne heure et pressée par son père de se remarier, elle avait repoussé tous les prétendants d'abord, puis offert hardiment sa main à un M. de Bernières, trésorier de France à Caen. Celui-ci joignait à toutes les qualités qui font un homme aimable et un galant homme une piété très rare. Avertie qu'il avait fait vœu de chasteté, la jeune veuve, liée vis-à-vis d'elle-même par le même vœu, le choisit pour la protéger contre les persécutions paternelles. Il accepta ce rôle délicat et la seconda peu après dans une héroïque entreprise, restant en France comme son mandataire dévoué, tandis qu'elle frétait un navire pour aller consacrer non seulement sa grande fortune, mais sa personne exquise au salut des sauvages. Le mystère de cette union, simulée entre deux êtres dignes l'un de l'autre, n'a été complètement pénétré par personne ; ils ne se revirent jamais après un suprême adieu dans la rade de Dieppe où Mme de la Peltrie s'embarqua le 4 mai 1639 avec trois religieuses Ursulines de Tours : Mlle de la Troche-Savonnières, partie malgré les supplications de sa noble famille, la mère Cécile de Sainte-Croix, accourue au dernier moment ; et cette Marie de l'Incarnation, tant de fois appelée, depuis Bossuet qui, le premier, la salua de ce nom, la Sainte-Thérèse de la Nouvelle-France. Veuve comme Mme de la Peltrie, mais née dans d'autres sphères sociales, cette sublime visionnaire s'était détachée impitoyablement, pour prendre le voile, d'un fils unique qu'elle remit au départ entre les mains de Dieu sans vouloir entendre ses prières, ses reproches, ni la menace désespérée qu'il lui avait faite de se perdre, tandis qu'elle irait consacrer à des inconnus l'amour qu'elle lui devait, menace rétractée à la fin, puis expiée dans l'exercice de toutes les vertus par celui qui devait devenir lui-même un religieux plein de mérite, dom Claude Martin.

Tandis que, sous les auspices de Mme de la Peltrie, se formait le noyau du premier couvent de femmes qui dut exister au Canada, la duchesse d'Aiguillon prenait de son côté l'engagement de dédier un hôpital « au précieux sang du Fils de Dieu répandu pour faire miséricorde à tous les hommes. »

Thérèse Bentzon

En effet, ce sont bien là les mots inscrits en abrégé au-dessus de la porte principale des grands et superbes bâtiments qui représentent aujourd'hui à Québec cet asile de la charité.

Le cardinal joignit ses largesses à celles de sa nièce, et la compagnie des Cent Associés, qui gouvernait alors la colonie, réserva aux nouvelles venues sept arpents et demi de terre dans l'enclos de Québec,[1] plus un fief aux environs. Restait à choisir l'ordre. Les Augustines de Dieppe, dites religieuses de la Miséricorde de Jésus, dont l'origine remonte au XIIe siècle, parurent prédestinées à cet honneur. On en délégua trois, parmi lesquelles la mère de Saint-Ignace, maladive, infirme, mais d'une énergie plus forte que toutes les souffrances, fut élue supérieure bien qu'elle n'eût que vingt-neuf ans ; il est vrai que ses deux compagnes étaient encore plus jeunes : la mère de Saint-Bernard, une contemplative, abîmée dans la vie intérieure, ce qui ne l'empêcha pas de servir, avec les autres, de manœuvre aux maçons et aux charpentiers, quand il le fallut, pour qu'avançât plus vite la construction de l'hôpital ; et la mère de Saint-Bonaventure, innocente comme un petit enfant, puisque depuis l'âge de huit ans elle n'était point sortie du cloître, si jolie que ni les fatigues, ni la vieillesse ne purent jamais l'enlaidir, et que les sauvages extasiés l'appelèrent jusqu'au bout la gentille vierge. Toutes les trois se joignirent aux Ursulines qui partaient de Dieppe sous la protection de quelques pères jésuites. Ce fut le commencement entre ces représentantes de l'éducation et celles de la charité au Canada d'une alliance intime qui ne faiblit jamais : les unes, quand un désastre venait à les frapper, se réfugiaient chez les autres, et le pacte qui les unit est encore aujourd'hui affectueusement gardé.

Le départ eut lieu avec éclat, la reine Anne d'Autriche leur promettant sa protection, la duchesse d'Aiguillon envoyant un gentilhomme pour assister à l'embarquement, de très grandes dames se faisant honneur de conduire les voyageuses au port dans leurs carrosses et toute la ville formant cortège, ce qui n'empêcha pas la petite flottille qui portait la fortune spirituelle de la Nouvelle-France de courir les plus grands dangers ; mer démontée dès le premier

---

1 Bien des rues s'y sont ouvertes depuis, sans rien coûter à la ville. Et, malgré son extrême libéralité, la communauté entend à merveille l'administration de ses biens, séparés pour le bon ordre de ceux des pauvres.

jour, poursuite des croisières espagnoles, tempêtes répétées, rencontre d'une énorme banquise, quasi-naufrage à l'entrée du golfe Saint-Laurent. Enfin, après deux mois et demi de périls presque incessants, on jeta l'ancre à Tadoussac, d'où Jésuites, Ursulines et Hospitalières prirent la première barque qui partait pour Québec. Ce méchant bateau fort incommode leur fit faire ce que j'ai envié tout le temps de mes excursions sur le *Saint-Laurent*, un voyage d'été à petites journées avec campement le soir dans les bois au pied des Laurentides. Les caps qui forment la côte nord entendirent chaque matin des voix virginales monter vers le ciel, tandis que la messe était célébrée à la face du soleil levant. C'est la dévote idylle qui de Tadoussac à Québec nous apparaît à travers d'autres scènes moins douces : les échos du grand fleuve doivent retenir ces cantiques de l'aube avec le terrible cri de guerre des sauvages, le rugissement du canon, et le pétillement des mousquets.

Quelles salves joyeuses retentirent lorsque les religieuses abordèrent la terre promise, en la baisant à genoux ! Les Indiens étaient enfin forcés de se rendre au miracle qui, depuis longtemps annoncé, les avait laissés incrédules. Des filles vierges « qui n'avaient pas d'hommes ni d'autre époux que le Grand Esprit », venaient prendre soin d'eux dans leurs maladies, élever leurs enfants, les secourir, les aimer sans les connaître. Elles en donnèrent la preuve aussitôt. Les Ursulines reçurent toutes les petites néophytes qu'on voulut leur confier dans une méchante masure de la basse ville. Les Hospitalières, un peu mieux logées, remplirent une tâche plus dure encore. La terrible picote, la petite vérole, fléau de la race indienne, sévissait avec la dernière violence, et une malpropreté sans pareille aggravait la maladie presque toujours mortelle. Au milieu de miasmes suffocants, les religieuses soignaient ces pauvres êtres, se dépouillant pour les panser de leurs guimpes et de leurs bandeaux, car ils n'avaient en fait de linge que des peaux de bêtes. Ensuite les trois hospitalières, renforcées par des recrues nouvelles de France, eurent à garder pendant la saison de la chasse les enfants, les vieillards, et ces infirmes qu'auparavant les sauvages tuaient à regret, ne pouvant les emmener avec eux. La reconnaissance des chasseurs s'exprima au retour par le don des meilleurs morceaux d'orignal ou de castor, faute desquels les pauvres femmes seraient peut-être mortes de privations, bien que le Gouverneur supprimât parfois de

Thérèse Bentzon

son ordinaire, pour leur en faire hommage, quelque volaille gelée.

Québec, rendu depuis peu d'années à la France par le traité de Saint-Germain, n'était encore qu'un village de 250 âmes enveloppé de forêts ; on y manquait de tout.

Les Hospitalières, à la demande des sauvages convertis, groupés dans l'établissement qu'avait organisé pour eux le commandeur de Sillery, allèrent habiter l'endroit de ce nom à une lieue de la ville ; mais les tentatives des Iroquois, résolus à enlever « les filles blanches », décidèrent de leur retour à Québec. Là elles durent se contenter de misérables logements d'emprunt, jusqu'à ce que, dans l'hôpital enfin achevé, elles retrouvassent ce qui leur était si cher, ce qui leur manqua si souvent, la clôture. Les épreuves qu'eurent à subir depuis leur fondation ces premiers couvents canadiens semblent presque incroyables : tremblements de terre, sièges, bombardements, incendies, rien ne manqua. Quitte à revenir prochainement aux Ursulines, dans une autre étude sur l'éducation des femmes au Canada et le genre de société qu'elle a produit, je parlerai d'abord des Hospitalières, ces grandes bienfaitrices de Québec.

Les voyez-vous, lors du bombardement de 1690 par les Anglais, ramasser en une seule journée, dans l'enceinte même du cloître, vingt-six boulets qu'elles font transporter aussitôt pour le service de nos batteries ? Les voyez-vous donner leur pain aux soldats, leurs planches et leurs madriers pour construire des redoutes ? Elles furent présentes aussi à la victoire, puis, après la joyeuse célébration d'un premier centenaire où leur repos semblait assuré, tout brûla chez elle ; elles étaient campées tant bien que mal dans la maison des Jésuites quand la guerre dite de Sept ans s'annonça pour elles par l'invasion de maladies pestilentielles amenées par les troupes. La reconstruction du monastère marcha vite cependant, grâce aux quêtes et aux collectes ; sans retard aussi les bâtiments neufs furent consacrés par le martyre obscur de plusieurs religieuses mortes d'épuisement et de fièvre au lit des malades. En 1759, le siège de Québec les força de s'exiler hors des murs. Pendant deux mois, nous disent les historiens, la ville fut exposée à une pluie de bombes sans presque pouvoir y répondre à cause de la rareté du matériel de guerre. Quand les Hospitalières rentrèrent à Québec tombé au pouvoir des Anglais, ce fut au milieu des ruines. Leur maison était remplie de soldats. Un instant elles espérèrent échapper au joug de l'étranger hérétique ; Lévis avait remporté la victoire de Sainte-Foy à la tête des milices canadiennes, mais la France ne lui envoya pas le secours sur lequel il comptait ; c'en était fait, le Canada restait à l'Angleterre. Et alors se produisit quelque chose de quasi miraculeux. Il se trouva une duchesse d'Aiguillon, petite-nièce de la fondatrice, pour intéresser aux Hospitalières lord Chatham, ministre d'Angleterre, qui les traita avec une générosité inattendue. Leur force d'âme et leur industrie vinrent à bout des autres difficultés.

Le nouveau siège de Québec par les Américains les alarma une fois de plus ; elles se trouvèrent relativement heureuses quand, le couvent ayant cessé d'être une caserne, elles purent reprendre en paix l'exercice de leur vocation.

Depuis lors elles ont vécu comme je les ai vues vivre pendant mon inoubliable séjour sous leur toit, entourées du respect et de l'affection de tous : une atmosphère d'héroïsme autant que de sainteté les enveloppe et il est facile de comprendre le genre d'enthousiasme qui amena dans leurs rangs tant de filles des meilleures familles. Elles représentaient tout de bon, selon l'expression du père Lejeune, les amazones de la charité, mêlées d'ailleurs à tous les grands événements, recevant chez elles au débarqué cet hôte illustre, le père de l'Eglise canadienne, Mgr de Laval, de la maison de Montmorency, considérées par le Gouverneur et par les Intendants, suivies de loin d'un regard d'admiration par, les amis haut placés qu'elles comptaient en France : les Richelieu, les Condé, les Fouquet, les Lamoignon et bien d'autres. Leurs exemples de dévouement furent contagieux même dans les rangs de la société laïque. Lorsque le régiment de Carignan, venu en 1665 avec le vice-roi, marquis de Tracy, apporta une terrible épidémie de fièvres malignes contractées pendant l'expédition aux Indes occidentales, les dames de Québec partagèrent jour et nuit les dangers et les travaux des religieuses. Ajoutons que ces infirmières improvisées n'eurent pas affaire à des ingrats : ce qui survécut d'une troupe d'élite, renforcé par deux compagnies envoyées de France, resta au Canada et y fit souche.

J'ai subi pour ma part l'ascendant singulier qui se dégage du contact des Hospitalières de Québec, contact bien rare cependant, car elles sont si constamment occupées de leurs malades que l'une

Thérèse Bentzon

d'elles m'avouait n'avoir pas eu le temps depuis des mois de descendre un seul instant dans le jardin. Mais on a la fréquente vision de ce voile noir qui passe toujours, on le sait, en route vers une mission de pitié. Ces visages que ne frappe jamais l'air ni le soleil, si blancs sous le fin bandeau qui, cachant le front et encadrant les joues, leur prête une apparence de jeunesse éternelle, vous imposent le calme, un calme qui est d'ailleurs tout le contraire de mélancolique, car jamais je n'ai rencontré de personnes aussi satisfaites de leur sort. Et de temps à autre, quand deux d'entre elles auxquelles je reviens toujours, s'oubliaient un peu à causer, j'étais ravie de la grâce de leur esprit, de leur vive compréhension des choses qui devaient leur être le plus étrangères.

— C'est, me disait l'une d'elles dont je tais le nom parce qu'elle ne me pardonnerait pas de la faire parler et agir dans ce récit profane, c'est que nos malades nous apportent le monde en abrégé. La souffrance étant au fond de tout pour les plus riches et les plus heureux, nous en savons très long par l'intermédiaire des misérables.

Elles m'avaient logée dans une grande chambre blanchie à la chaux, commode et bien chauffée, dont les deux fenêtres très hautes, aux lourds volets de bois brun, au double châssis vitré, donnaient sur le Saint-Laurent. Je partais de là pour explorer les curiosités des environs ; pour aller voir à Lorette les derniers Hurons ou pour reconnaître en Sainte-Anne de Beaupré une succursale de Sainte-Anne d'Auray ; pour rendre aussi des visites en ville, comme si j'eusse été tout de bon naturalisée Québecquoise. Les jours de pluie, je les passais à lire, ayant sous la main toute une bibliothèque canadienne que m'avaient composée des amis : l'excellente *Histoire du Canada* en trois volumes de Garneau, les *Poésies* d'Octave Crémazie, ce libraire de la rue de la Fabrique chez qui tous les esprits distingués de Québec se donnèrent longtemps rendez-vous, très fin lettré lui-même, et avant tout patriote. Il a chanté :

… Les jours de Carillon

Où, sur le drapeau blanc attachant la victoire,

Nos pères se couvraient d'un immortel renom

Et traçaient de leur gloire une héroïque histoire.

Je me plongeais aussi dans le charmant roman de M. de Gaspé, *les Anciens Canadiens* où revit la société de la Nouvelle-France sous la plume piquante et facile de ce gentilhomme d'autrefois, lequel à ses qualités de conteur joignait les mérites d'un patriarche, car il laissa cent quinze enfants et petits-enfants. D'autres livres encore appartenant à la littérature locale et plus intéressants par le fond que par la forme souvent incorrecte, furent feuilletés le soir à la clarté d'une modeste petite lampe. Je ne parle pas des manuscrits précieux, annales de l'Hôtel-Dieu, lettres jaunies, parchemins vénérables tirés des archives des religieuses et que celles-ci me permirent de regarder.

Il n'était pas jusqu'à l'heure du repas frugal, servi trois fois par jour dans le réfectoire des pensionnaires, qui ne me fournît quelques sujets d'étude. Ces veuves et ces demoiselles à demi retirées du monde me faisaient, tout en causant, pénétrer à leur insu dans l'intimité du pays. L'esprit catholique et français s'y affirme partout chez les plus humbles comme chez les plus intelligents ; j'étais seule étrangère et je n'avais nullement le sentiment de l'être ; il me semblait avoir élu domicile dans un couvent de Bretagne ou de Normandie, au milieu d'excellentes dames de province. Autour de nous glissaient les sœurs converses de leur pas léger, versant les boissons anodines qui remplacent le vin, servant de petits plats que je trouvais délicieux, surtout depuis qu'étant entrée un matin dès l'aube dans l'office j'avais trouvé la sœur Saint-I... à genoux comme le bon frère que Murillo a élevé au-dessus de terre dans le ravissement de l'extase, tandis que les anges font la cuisine à sa place.

Mais le plus beau moment de la journée était l'heure des grands couchers de soleil qui incendient le Saint-Laurent. Je sortais alors sur le balcon de bois, occupant toute la longueur-du bâtiment énorme où ma chambre était située, et je l'arpentais sans me lasser, perdue dans la beauté du spectacle et aussi dans d'interminables songeries que favorisait le calme argenté qui précède la nuit. Le port, les docks, les bassins, le bâtiment pseudo-grec de la douane, tout cela s'enveloppait peu à peu d'ombre et de silence. On ne voyait plus le drapeau anglais flotter au-dessus de cette ville française, anomalie choquante pour moi seule d'ailleurs. Nous ne pouvons qu'à grand'peine, ici où la haine de « la perfide Albion » est un trait national, nous rendre compte des deux sentiments, inconciliables à notre gré, qui existent chez les Canadiens. Ils restent sur beaucoup de points pareils à des Français d'avant 89, tout en acceptant un protectorat qui n'a rien d'importun, sauf le devoir de se lever et de se découvrir quand retentit le *God save the Queen.*

Le poète Fréchette a exprimé ce phénomène en vers dont je ne me rappelle que le sens. C'est un père qui fait l'éloge pompeux du drapeau anglais à son fils et qui l'invite à s'incliner devant lui. L'enfant écoute en silence, puis il dit timidement :

— Nous en avons un autre à nous ?

— Oh ! répond le père, celui-là il faut le baiser à genoux !

En effet le pavillon britannique déployé sur la citadelle n'offense personne, et cependant quand, pour la première fois depuis bien longtemps sous le second Empire, un navire de guerre français entra pacifiquement dans la rade de Québec, tous les villages ensemble vinrent de très loin saluer ceux qu'ils appellent toujours « nos bonnes gens ». Ce fut une allégresse générale ; on se disputait l'équipage pour lui faire fête. Un vieillard, retenu dans son lit par la maladie, voulut qu'on lui amenât un des officiers et, le priant de se mettre en pleine lumière, le regardant longuement avec attention, il lui dit ces paroles touchantes : — Que je voie les yeux qui ont vu le vieux pays !

Le Canada me fait penser à de certaines veuves qui, après un orageux mariage d'amour, trouvent dans leur seconde union la sécurité, la paix, beaucoup d'avantages matériels et qui répondent à de bons traitements par une reconnaissance suffisante, mais dont le cœur, malgré tout, reste à celui qui, en dépit de ses torts, sut se faire adorer. Elles ne voudraient pas recommencer ce beau temps de la jeunesse, il leur a coûté trop cher ! Mais elles soupirent en y songeant, et elles regrettent jusqu'à leurs souffrances.

Je pensais à ces choses et à bien d'autres, durant mes promenades du soir, accompagnée par le bruit régulier de mon pas sur les planches. Quelque curieux regardant, du fond de la rue en précipice, la haute masse des bâtiments de l'Hôtel-Dieu, m'eût sans doute prise sous mon manteau à capuchon pour une recluse ou pour une malade.

Des malades je n'étais pas très loin, en effet, quoique les appartements réservés aux pensionnaires soient tout à fait distincts des différentes salles. Combien de fois, en allant au téléphone dont j'usais pour correspondre avec mes amis de la ville, ai-je traversé l'une d'elles, celle où sont transportés les malades dont l'état ne laisse plus d'espoir. Eh bien, au bout de très peu de temps, j'avais cessé d'éprouver l'horreur que l'on suppose. Il faut habiter un hôpital pour sentir combien se modifient vite dans cette atmosphère nos notions, courantes sur la mort et sur la vie ; pour voir combien tout ce que nous redoutons le plus dans l'inévitable fin est, après tout, simple et facile ; et pour comprendre une bonne fois, dans sa logique sublime, la vocation de ces femmes tout ensemble sœurs et mères, comme l'une d'elles le disait affectueusement devant moi à un pauvre diable qui lui demandait, en la remerciant, duquel des deux noms il devait l'appeler.

Cependant, si le local de l'Hôtel-Dieu proprement dit m'était familier, le domaine particulier des religieuses, l'autre côté de la grille me restait inconnu. Tout près de la communauté, en rapport quotidien avec quelques-uns de ses membres, j'étais séparée d'elle par ce que je sentais être une barrière infranchissable autant que celle qui sépare le temps de l'éternité.

Une permission, demandée en haut lieu, me permit à la fin de mon séjour de pénétrer chez mes saintes amies et ce fut avec une véritable émotion que je franchis la porte défendue qui ferme la v partie la plus ancienne du monastère. Ce bâtiment vénérable est aimé des religieuses par-dessus tout : elles ne se résignent pas à occuper les cellules de l'aile neuve. Nous gagnons vite le vieil escalier dont les marches sont formées de madriers indestructibles, avec une rampe massive, des balustres équarris en bois, de lourds pendentifs et un grand trou creusé par un boulet lors du siège de 1759. On n'a pas voulu le réparer en même temps que d'autres dégâts afin qu'il pût porter témoignage du péril couru. Aujourd'hui encore les Hospitalières se servent, en guise de *pesées*, de presses pour la lessive, des fragments de projectiles qui labouraient dans ce temps-là les cours, les jardins, les murs d'enceinte. Au sommet de l'escalier se trouve la cloche chargée de réveiller dès quatre heures du matin les habitantes des cellules ouvrant à droite et à gauche sur un large corridor. Le nom de chacune d'elles est au-dessus de la porte. Si la maison en général avec ses murs blanchis, ses planchers nus, son ameublement sommaire se défend toute espèce de luxe, la recherche de la pauvreté est ici plus sensible que partout ailleurs.

Thérèse Bentzon

Les très petites cellules, toutes à peu près de même dimension, ne renferment qu'un lit étroit et bas enveloppé de cotonnade grise et portant, parfois, une inscription comme celle-ci : « Dieu seul. » Un buffet supportant le bassin et la cruche, une chaise, un prie-Dieu surmonté du crucifix, voilà tout. Pour ne pas s'attacher à ces objets, les religieuses changent de chambre presque tous les ans. Même austérité dans le vaste réfectoire où une antique vaisselle d'étain est encore en usage. La princesse Louise d'Angleterre, visitant la clôture, voulut, me dit-on, manger la soupe dans ces curieuses écuelles à oreilles. Un tour fait communiquer le réfectoire et les cuisines, vastes comme nos anciennes cuisines de châteaux avec d'énormes solives au plafond et toutes dallées de pierres noires inégales ; les vieux usages y sont immuablement gardés, celui de la chandelle, par exemple, qui cède difficilement à l'innovation de l'huile de charbon. Mais une propreté exquise règne partout. Quelques tableaux anciens, des miniatures sur cuivre et de très belles estampes, présents de la duchesse d'Aiguillon ou d'autres grandes dames, décorent les petites chapelles placées à intervalles réguliers dans une galerie qui règne sur toute la longueur du premier étage. A l'une de ses extrémités certaine armoire aux panneaux enluminés de paysages naïfs renferme une crèche exposée seulement au temps de Noël : des anges en robes de satin, avec de grandes perruques bouclées, planent au bout d'un fil au-dessus de l'Enfant Jésus, de la Sainte-Vierge, de Saint-Joseph et des animaux de l'étable. Toutes ces pieuses poupées vinrent de France sous Louis XIV. Un noël du grand siècle est annuellement chanté devant elles sur un air de menuet que me fait entendre l'une des sœurs. On me montre à cette même place la châsse qui renferme quelques reliques d'une jeune Huronne morte en odeur de sainteté. C'est la seule sauvagesse qui ait jamais été admise à prononcer ses vœux ; elle se nommait Scanud Haroï, devenue Agnès au baptême, et brûlait d'entrer dans la vie religieuse ; mais le caractère inconstant de la race empêche généralement que ces sortes de vocations soient encouragées. Les obstacles les plus rudes furent donc opposés à Scanud Haroï ; elle les surmonta tous, puis elle mourut, ayant obtenu comme grâce suprême de quitter ce monde en habit d'Hospitalière de la Miséricorde. Au-dessous du très joli reliquaire qui la rappelle se trouvent les tibias entre-croisés du pauvre père Lalemant, dont un tableau placé dans le corridor retrace l'épouvantable martyre. Pendant l'hiver de 1649, une armée d'Iroquois massacra la nation huronne qui était devenue chrétienne. Ces terribles ennemis du christianisme et de la France s'étaient emparés en même temps de deux Jésuites, les pères de Brébeuf et Lalemant, pour lesquels, dans leur haine contre *les robes noires*, ils inventèrent des supplices nouveaux. Le père de Brébeuf était un géant parmi les missionnaires, un de ces gentilshommes normands athlétiques comme aimait à les peindre Barbey d'Aurevilly, sous les traits d'un abbé de la Croix-Jugan. On lui suspendit au cou un collier de haches rougies au feu, on l'enveloppa d'une ceinture de résine enflammée, on baptisa d'eau bouillante sa tête scalpée, on tailla sur lui des morceaux de chairs grillées et dévorées en sa présence, sans parvenir à lui faire pousser un cri. Jusqu'au bout, d'une voix ferme, il encouragea les malheureux Hurons qui partageaient ses souffrances. Quand on lui eut coupé la langue et enfoncé un fer rouge dans la bouche, il bénissait encore par signes, impassible toujours. Les Iroquois stupéfaits finirent par voir en lui un être surnaturel, ils lui arrachèrent le cœur et le mangèrent entre eux pour se pénétrer de son courage. Un buste d'argent envoyé de France par la noble famille de Brébeuf renferme aujourd'hui le crâne du martyr.

Dans la salle de communauté il y a quelques portraits intéressants, entre autres celui de la mère Duplessis de Sainte-Hélène, fille d'un trésorier au département des finances. Elle est en Sainte-Hélène impératrice, portant la croix : c'était une personne spirituelle et lettrée, qui, élue supérieure en des temps difficiles, s'acquitta noblement de sa tâche, imposant le respect aux Anglais victorieux. Mais il semble que la défaite de la France lui ait brisé le cœur. En vain le général Murray l'obligea-t-il à accepter les soins du plus habile chirurgien de l'armée, rien ne put la sauver. Il reste d'elle un monument historique durable, les Annales de la communauté depuis leur origine. Elle fut chargée de cette compilation par la mère Juchereau de Saint-Ignace, dont le portrait, conservé lui aussi dans la même salle, donne l'idée d'un visage énergique, au nez aquilin, aux grands yeux à fleur de tête pétillants d'intelligence. Cette maîtresse femme, la première Hospitalière née au Canada qui soit parvenue au rang de supérieure, sut défendre contre tous, même contre un évêque, les droits imprescriptibles de la communauté.

Thérèse Bentzon

Chacun des portraits, — ils sont en trop petit nombre, — donne
lieu à d'intéressantes explications ; nulle peinture malheureuse-
ment ne rappelle la mystique mère de saint Augustin dont nous
parlons plus que de toutes les autres, car les Hospitalières la vé-
nèrent comme font les Ursulines de leur grande Marie de l'Incarnation : ce sont les deux saintes du Canada. Catherine de Longpré,
d'une noble famille de Normandie, promettait dès sa première
jeunesse d'être romanesque et passionnée. Cette ardeur se reporta
sur le service des pauvres ; elle quitta pour eux tout ce que la vie
peut promettre d'enviable à une brillante héritière et prit à Bayeux
le voile des novices, puis à seize ans elle alla en Canada se dévouer
aux sauvages, ayant écrit avec son sang qu'elle y mourrait.

Cette enceinte de la clôture renferme aussi d'autres portraits qui
ne sont pas des portraits de religieuses ; dans un petit parloir par
exemple, je vois le cardinal de Richelieu à genoux devant un crucifix qui lui apparaît comme à saint François d'Assise. Je dis à mes
guides que je ne connais aucun autre portrait de Richelieu dans
une attitude aussi dévote. Elles saisissent l'ironie et me répondent
tranquillement : — « Oui, nous savons ce qui a pu lui être repro-
ché, mais pour nous il est le bienfaiteur de la communauté. Nous
prions pour lui tous les jours. Il fut aussi un grand ministre. Peut-
être vous en faudrait-il aujourd'hui de pareils. »

Auprès de son oncle se trouve la duchesse d'Aiguillon, très mé-
diocrement peinte, à genoux elle aussi, et en manteau d'hermine.
Ailleurs, je reconnais la belle figure insouciante de Louis XV que
les religieuses, comme tous les Canadiens, excusent de s'être montré dédaigneux des « quelques arpents de neige » où pourtant on
l'aimait ; toutes ses fautes sont rejetées sur la Pompadour. Puis
nous rencontrons Marie Leczinska, victime plainte et respectée ;
le père Ragueneau, protecteur des derniers Murons ; l'intendant
Talon, digne agent de Colbert, créateur du système administratif
de la Nouvelle-France, ami puissant de l'Hôtel-Dieu. C'était un
homme d'esprit ; il eut un commerce épistolaire assez fréquent, où
les petits vers jouaient leur rôle, avec la mère de la Nativité, une
fine Bretonne qui tournait à merveille le sonnet et l'épigramme.
Cet échange d'à-propos rimes charmait la société québecquoise.

On voit, sans que je le souligne, quelles personnalités originales
que n'étouffa jamais, comme on est disposé à le croire ailleurs,

le joug pourtant très rigoureux de la règle, se trouvèrent réunies à différentes époques dans cette maison de la charité : grandes dames venues de France comme Catherine de Longpré, filles de fonctionnaires coloniaux ou d'officiers supérieurs comme la mère Duplessis de Sainte-Hélène et la mère des Méloises de la Vierge ; Canadiennes de la haute bourgeoisie comme la mère Juchereau de Saint-Ignace et tant d'autres. Ajoutez-y des figures d'exception comme les sœurs Gibson, filles d'Anglais protestants, recueillies dès le berceau, élevées dans le temple pour ainsi dire, sous l'aile des religieuses, et n'ayant pas connu d'autre famille ; ou antérieurement, la mère Davis de Sainte-Cécile, enlevée toute petite à son foyer de la Nouvelle-Angleterre, après des scènes de meurtre, par nos sauvages alliés, les Abénaquis, et passant, de la hutte où elle avait grandi, au couvent où elle arriva chaussée de mocassins, enveloppée de la couverture. Outre cela des filles d'habitants, sorties en masse de ces innombrables paroisses où s'est perpétué le sang le plus honnête de France.

Il y eut aussi un certain mélange de laïques, dignes de rivaliser avec les religieuses ; telles Mme d'Ailleboust qui édifia par ses vertus, peut-être un peu suspectes de quiétisme, Montréal et Québec. On dit qu'elle avait vécu dans l'état de virginité auprès de son mari, gouverneur de la colonie ; quoi qu'il en fût, une fois veuve, elle refusa successivement le gouverneur de Courcelles et l'intendant Talon qui recherchaient sa main, disposa de ses grands biens en faveur de l'Hôtel-Dieu et alla y finir ses jours. Cette excellente dame avait fondé sous les auspices de Mgr de Laval la Congrégation de la Sainte-Famille qui subsiste encore à Québec et compte dans ses rangs la meilleure partie de la ville. Ainsi, l'élément séculier et l'élément religieux se sont toujours trouvés ici en communication fréquente, les religieuses s'intéressant à la vie publique et le monde s'inspirant des exemples qui lui venaient des couvents. Mes amies me font visiter en dernier lieu, à l'extrémité d'une grande cour intérieure, leur cimetière particulier : toutes les petites tombes pareilles, avec des croix de bois uniformes, très basses, plantées côte à côte ; les plus anciennes ne portent pas même de noms. Ce cimetière étant trop exigu, on le déblaie de temps à autre pour faire de la place ; tout près s'ouvre un ossuaire de l'aspect le plus saisissant où les têtes qui jadis portèrent le voile roulent éparses à l'état de

Thérèse Bentzon

crânes desséchés.

Nous sortons de la clôture par la sacristie de l'église conventuelle qui renferme deux bons tableaux de Zurbaran et de Stella, des ornements précieux d'étoffes anciennes et d'orfèvrerie et une collection de reliques rapportées de Rome.

Dans l'église même se trouve une célèbre statue, don anonyme et mystérieux fait, vers la fin du siècle dernier, par un marin sauvé du naufrage. Il s'acquitta envers Notre-Dame de toute Grâce, du Havre, en introduisant cette Sainte Vierge normande au Canada. Notre-Dame de toute Grâce fut sauvée des flammes lors du grand incendie ainsi que le crucifix outragé devant lequel les fidèles font une perpétuelle amende honorable en réparation du sacrilège dont il fut l'objet en 1742 ; le soldat coupable de cette profanation ayant été d'ailleurs conduit en chemise, la corde au cou et une torche ardente à la main devant la porte de l'église, après quoi le bourreau le fustigea dans tous les carrefours de la ville préalablement à trois ans de travaux forcés sur les galères du Roi.

Crimes, répression, actes d'héroïsme, tout a, dans ce curieux pays, je ne sais quelle âpre saveur du moyen âge. Mais l'élément de tendresse et de miséricorde qui tempère des vertus trop rudes, de trop brutales énergies vient des religieuses. Voyez la mère de Saint-Augustin s'offrir en victime expiatoire pour les fautes d'un gouverneur tyrannique, le chevalier de Mésy ; écoutez Marie de l'Incarnation demander à Dieu, dans un élan de piété qui fait l'admiration de Bossuet, d'être condamnée à une éternité de peines, afin que sa justice soit satisfaite, ne se réservant rien que de l'aimer toujours.

D'où vient que les sauvages les plus hostiles à la France épargnaient parfois leurs prisonniers ? C'est que quelqu'un des leurs, une femme peut-être, avait été instruite chez les Ursulines ou bien avait pénétré dans les salles de l'Hôtel-Dieu. De loin, les filles blanches dictaient des sentiments d'humanité à ceux-là mêmes qui n'en savaient pas le nom. L'impression que laissent les Hospitalières serait incomplète si l'on n'avait visité Sillery. Sillery ! Quels tableaux ce nom évêque ! Derrière une ceinture de palissades un village indien. Deux ou trois barques déposent sur la plage les Hospitalières et les Ursulines arrivées de France la veille. Affluence émerveillée de Montagnais et d'Abénaquis autour des filles blanches, de celle surtout qui apparaît comme leur reine, Mme de la Peltrie. Tout à l'heure elle sera marraine de plusieurs néophytes, elle couvre de caresses les en fan s'ébahis. Salves d'arquebuses, chants de triomphe, prières, cantiques accompagnant la pose de la première pierre de l'hôpital où viendront s'installer quelques mois après la mère de Saint-Ignace et ses sœurs. L'Anse du Couvent est le point historique le plus vénérable de tout le Canada.

Aucun site ne pouvait être mieux choisi. Les assises d'un cap avancé semblent faites pour porter le fort aujourd'hui disparu, ainsi que l'hôpital dont un orme gigantesque, planté sur les murs de fondation, continua longtemps de marquer la place. Au-dessous, sur les rives basses du grand fleuve qui contourne le promontoire de Québec et sa couronne murale, les pirogues pouvaient aborder facilement et les pauvres missionnaires pochaient du poisson, l'hiver, à sept pieds de profondeur sous la glace ! Les bois environnants offraient des ressources pour la chasse, mais aussi des bêtes féroces entre toutes, les Iroquois, y rôdaient sans cesse. Ils s'avançaient jusqu'à un jet de pierres des palissades, emmenant, quand ils le pouvaient, les prêtres en captivité, scalpant, égorgeant, allumant des bûchers alentour. Le périlleux établissement de Sillery fut abandonné dès les premières années du siècle dernier ; on réussit très bien néanmoins à se représenter son aspect d'autrefois, quoiqu'il n'en reste que peu de traces, sauf la demeure des jésuites. J'ai trouvé celle-ci soigneusement entretenue ; les murs sont solides, les boiseries intérieures, les solives du plafond, la cheminée, une espèce d'alcôve où se dressait l'autel, rien n'a été changé. En face de cette humble maison, un obélisque élevé à la mémoire du père Massé, premier missionnaire au Canada, indique l'emplacement de l'église. De là partirent en conquête d'âmes tant de jésuites qui parfois revenaient mutilés, défigurés après des supplices affreux, comme le père Jogues par exemple, pour retourner toujours à leur tâche jusqu'à ce que mort s'ensuivît. Il faut se placer au point de vue strictement chrétien si l'on veut comprendre ces premières missions canadiennes dont l'unique but était de porter partout le baptême, car la civilisation qu'on leur proposait en même temps devenait vite fatale aux sauvages. Quand elle se montra le plus clémente, elle ne servit qu'à supprimer de fait ces êtres primitifs indissolublement liés au sort des grands bois et

Thérèse Bentzon

incapables de vivre ailleurs. Aujourd'hui encore, malgré les croisements avec la race blanche, ce trait caractéristique subsiste à peine atténué. Aux Etats-Unis les écoles indiennes de Hampton et de Carlisle semblent parfois réussir à tirer du Peau-Rouge l'étoffe d'un futur citoyen américain, mais en Canada les qualités d'origine résistent à toute culture. On me parle d'un métis qui, après des années d'études dans quelque séminaire, répondit lorsqu'on l'interrogea sur ce qu'il voulait faire : « De la viande, » c'est-à-dire chasser. La chasse se mêle toujours à l'idée qu'ils conçoivent de la félicité éternelle. Et qu'y a-t-il de plus païen au fond que ce mystère même de leur existence inséparable de la forêt ? Mais ce n'était pas la vie d'ici-bas que voulait leur assurer, en échange de leur propre martyre, le zèle ardent des missionnaires ; c'était le ciel. Le peu de prix qu'on attachait alors à l'existence humaine éclate dans tous les récits, se manifeste dans tous les événements.

A cette sublime insouciance s'ajoute le plus souvent un désintéressement sans égal. Je ne parle pas du clergé seulement ; la même foi vive anime, sous son impulsion sans doute, un grand nombre de laïques. Ici, à Sillery, on ne peut s'empêcher de penser au sieur de Maisonneuve qui s'arrêta sur cette plage avant d'aller fonder Montréal dont il fut le premier gouverneur. Il était parti comme représentant d'une association toute religieuse, parmi lesquels comptaient M. de la Dauversière, receveur des tailles à la Flèche, mauvais administrateur au demeurant, et M. Olier, le père des Sulpiciens. Aucun but d'ambition personnelle ne le pousse, il se déclare prêt à donner pour une grande entreprise de civilisation tous les biens qu'il possède au monde, sans autre récompense, ce sont ses paroles, « que celle de servir Dieu et mon roi dans les armes que j'ai toujours portées. » Avec ce pieux gentilhomme champenois et les quelque cinquante hommes, laboureurs et soldats, qui l'escortaient, était partie une courageuse fille, née en Champagne elle aussi, Mlle Mance. Grâce aux largesses de la veuve d'un surintendant des finances, Mme de Bullion qui, de Paris, la protégeait, Mlle Mance devait créer l'Hôtel-Dieu de Montréal desservi aujourd'hui encore par les sœurs de Saint-Joseph, qu'elle y établit en 1644. Et Montréal, en signe de reconnaissance, a réuni sa statue à celle de Maisonneuve dans le groupe central de la place d'Armes. Que seraient devenues ces colonies naissantes sans les femmes tou-

jours prêtes à panser les blessés, à soigner les malades ? A Sillery,
où les nouveaux venus hivernèrent, une vive sympathie rapprocha
Mlle Mance et Mme de la Peltrie. Celle-ci se partagea même un
instant entre Québec et, comme on disait alors, Ville-Marie. Cette
dernière colonie était faite pour séduire plus encore que sa devan-
cière les imaginations exaltées, car la première raison de l'existence
de Québec avait été, en somme, le commerce des fourrures, tandis que les colons de Montréal ne se proposaient qu'une chose :
inaugurer en Amérique un nouveau royaume de Dieu. Dans le zèle
qui la transportait, Mme de la Peltrie suivit l'aventureuse compagnie au petit poste que devaient sans relâche pendant des années
consécutives attaquer les Indiens. On eut peine à l'empêcher de
pousser jusqu'au pays des Hurons pour y répandre elle-même la
bonne nouvelle de l'Evangile. Lorsqu'on voit le portrait de cette jolie femme, au sourire ingénu, aux longues paupières baissées, réu-
nissant dans un type de la plus rare élégance toutes les délicatesses
de la race, on a peine à se la figurer intrépide à ce point. Elle le fut
cependant, parce qu'il y avait en elle le grain de folie qui seul nous
permet d'accomplir de grandes choses sans consulter ni nos forces
ni les circonstances.

A chacun des couvents de Québec semble confié le soin de
garder une mémoire illustre. L'Hôtel-Dieu possède les restes du
père de Brébeuf ; la belle chapelle des Ursulines garde le corps de
Montcalm couché dans la brèche faite, dit-on, par un boulet de canon ; l'Hôpital général est tout à Mgr de Saint-Vallier qui le fonda
en 1692, empruntant pour cela de gré ou de force une douzaine
de religieuses à l'Hôtel-Dieu. Si l'acte fut arbitraire, il a une grande
excuse : la charité. Mgr de Saint-Vallier la ressentait à l'état de pas-
sion, les aumônes qu'il répandit furent sans mesure, il laissa ses
grands biens aux pauvres vieillards invalides ou insensés auxquels
l'Hôpital général devait servir d'asile et ne se réserva que d'aller
mourir auprès d'eux, leur ayant tout donné. Il y a bien là de quoi
effacer quelques erreurs de jugement.

Mon premier pèlerinage à Québec fut pour cette maison presque
contemporaine de la fondation de la ville, car elle appartint d'abord
aux Récollets appelés par Champlain. Du haut de l'Esplanade,
on m'avait montré, au fond de la vallée qu'arrose la rivière Saint-
Charles, les vieux bâtiments agglomérés, dont une partie remonte

au temps où de bons frères mendiants reçurent sans méfiance les premiers jésuites. Eux aussi avaient accompli des œuvres admirables, fondé cinq missions s'étendant de l'Acadie au lac Huron, souffert le martyre, n'importe ; leur gloire allait être effacée par de plus forts qu'eux. Frontenac les soutint cependant contre la domination envahissante de leurs invincibles rivaux, mais celle-ci, comme toujours, finit par l'emporter, aucune armée n'étant jamais arrivée avec la même sûreté que la compagnie de Jésus, à vaincre, à prévaloir en tous lieux et dans tous les temps, par le seul effet de l'obéissance passive et de l'immolation de l'individualité à un intérêt déclaré supérieur.

Avant de se retirer les Récollets cédèrent à l'évêque de Québec leur maison située presque à l'endroit même où débarquèrent Jacques Cartier et ses compagnons. Là, plus encore que dans les autres couvents du Canada, les souvenirs belliqueux s'imposent. Pendant le siège de 1759, ce monastère, hors des murs, donne l'hospitalité aux Ursulines et aux religieuses de l'Hôtel-Dieu. Les pauvres sœurs assistent de leurs fenêtres au bombardement ; elles voient se préparer la bataille décisive livrée dans les plaines d'Abraham. Lors de l'invasion américaine les troupes ennemies sont longtemps cantonnées à l'Hôpital général. Et, à travers tout, les religieuses se dévouent à la souffrance humaine, suppléant à l'insuffisance de leurs ressources par toute sorte de travaux, y compris le rude travail des champs. Tant de mérite fut reconnu : le gouvernement anglais, comme avant lui le gouvernement français, leur accorda des subsides pour l'entretien d'un certain nombre d'invalides et d'aliénés.[1] Il y a maintenant 160 de ces vieillards. Dès le premier pas que l'on fait dans l'Hôpital, on se trouve au milieu d'eux. Ils sont là, mangeant, donnant, se traînant au soleil et soignés jour et nuit comme le seraient de petits enfants par des Augustines qui portent le même habit que celles de l'Hôtel-Dieu. Leur supérieure me reçoit d'abord à la grille, puis elle remet avec un certain cérémonial la clef de la clôture au personnage officiel qui m'accompagne ; son accueil est plein de bonne grâce, de dignité simple. C'est une femme jeune encore, remarquablement intelligente. Elle nous fait entrer dans les salles de travail réservées aux femmes, où les moins infirmes s'occupent à coudre, à tisser, à tricoter ; nous visitons tout ce

---

1   Un grand asile spécial d'aliénés existe aujourd'hui au village de Beauport.

grand refuge et aussi les rudes cellules des premiers Récollets et la chambre où sont pieusement gardés, — comme à l'Hôtel-Dieu les lettres de saint François de Sales, de saint Vincent de Paul, etc., — tous les précieux autographes légués par Mer de Saint-Vallier qui correspondit avec maintes célébrités de son temps.

Le fondateur de la maison est en peinture un peu partout, les moindres objets à son usage sont tenus en vénération. N'est-ce pas une immortalité enviable que celle de cet ami des pauvres qui, après s'être privé, dépouillé à leur profit tant qu'il vécut, reste encore parmi eux comme un bon génie, comme un père, objet de l'amour et des prières d'un groupe de saintes femmes consacrées à sa mémoire ? Elles le servent en la personne de tous ces vieillards qu'il leur a recommandés de génération en génération et à jamais.

La maison que j'ai visitée à Québec avec le plus d'intérêt est l'asile du Bon-Pasteur. Il ne s'ouvre pas facilement aux personnes du dehors et je fis connaissance avec les deux écoles élémentaire et académique très renommées que dirigent les Servantes du Cœur Immaculé de Marie, bien avant de franchir la clôture qui retranche du monde leurs pénitentes. Quelle troublante impression produisirent sur moi, la première fois que je les entendis derrière une porte close, ces nombreuses voix de femmes qui, d'un plaintif cri de détresse, appelaient l'action du Saint-Esprit : — *Esprit-Saint, descendez en nous* ! J'exprimai alors à la supérieure générale le désir de m'approcher d'elles. Encore une des femmes éminentes de Québec, cette mère Marie du Carmel, en qui sont réunies la distinction, l'autorité morale et par surcroît une beauté majestueuse rehaussée par les longs vêtements noirs, par la coiffe surtout, si pittoresque, qui encadre de blancheur tout le visage et forme sous le menton comme un large rabat. On remarquera que je parle souvent de belles et très belles religieuses ; il est vrai que je n'en ai jamais vu autant qu'en Canada, ce qui équivaut à dire que le type féminin y est beau en général et qu'une élite entre les femmes se donne à la vie de couvent.

Quelques jours après je recevais un petit billet de la plus élégante écriture sur papier timbré aux armes de la Congrégation, qui m'autorisait à visiter l'établissement tout entier.

Comme celui dont Mlle Chuppin fut chez nous la fondatrice, il est d'origine laïque. Une pieuse veuve, Mme Roy, devenue plus tard en religion la révérende mère Marie du Sacré-Cœur, sans fortune, sans instruction, sans influence, commença, dans une pauvre maison à peine garnie des meubles indispensables, à recevoir quelques repenties, et la première qu'on admit l'était si peu que Mme Roy se crut en grand danger d'être assassinée par elle, ce qui n'empêcha pas l'amendement graduel de ce rebut de l'humanité. Vingt-six misérables furent de même arrachées au vice dans les deux premières années, cette personnification féminine du bon Pasteur de l'Evangile allant intrépidement les chercher au besoin jusque dans des repaires innomables. Il va sans dire qu'elle ne repoussait pas les plus dégradées quand elles se présentaient d'elles-mêmes, et tout cela sans ressources, sauf la charité publique qui fut d'abord récalcitrante, car l'œuvre était suspecte à cette population austère qui aujourd'hui encore ne s'intéresse qu'avec effort aux enfants trouvés. Des statistiques scrupuleusement contrôlées sont là pour établir que sur cent dix pénitentes que renferme le couvent où les entrées annuelles sont de soixante femmes environ, les quatre cinquièmes s'amendent. Si l'on joint à cela le bien accompli dans l'école voisine, école de réforme et d'industrie où plus de 150 petites filles reçoivent un enseignement pratique, une bonne instruction élémentaire et sont initiées à tous les travaux du ménage, puis placées, la protection des religieuses les suivant sans relâche à travers la vie, on jugera que l'œuvre de Mme Roy n'a pas été vaine. Le Bon-Pasteur de Québec compte aujourd'hui dix-neuf maisons, tant au Canada qu'aux États-Unis.[1]

Je voudrais faire ressortir, par la comparaison avec ce que j'ai dit autrefois de la prison de Sherborn, près de Boston,[2] la différence des deux méthodes protestante et catholique convergeant vers le même but. A ma grande satisfaction, il se trouva que les religieuses avaient eu connaissance de mon article sur Sherborn, et qu'elles avaient même emprunté quelques moyens ingénieux au système de Mrs. Johnson, l'habile directrice.

---

1 Les communautés canadiennes de différents ordres fixés aux États-Unis se proposent une mission toute patriotique, celle de veiller à ce que leurs compatriotes émigrés ne soient pas absorbés par d'autres races. Elles contribuent aussi à empêcher que prédomine sans mesure le catholicisme américain proprement dit qui est surtout représenté, on le sait, par l'élément irlandais.
2 Voir *la Condition des femmes aux États-Unis*, 1894.

— Seulement, me dit la supérieure, nous ne croyons pas que les réformes doivent commencer par le dehors et peu à peu gagner le dedans ; c'est au dedans que nous nous adressons d'abord et la confession nous est pour cela d'un grand secours. Quand, après les premiers mois d'épreuve et d'observation, nous suggérons à la pénitente ce moyen d'en finir avec son passé, il faut voir le changement soudain qui s'accomplit en elle, avec quel entrain nouveau elle recommence la vie comme sur une page blanche. Ah ! c'est une grande force que celle-là ! Il se peut que des rechutes surviennent. Nous leur disons bien qu'en ce cas nous ne les reprendrons plus, mais elles savent qu'il leur suffira de frapper pour qu'on leur ouvre encore. De fait, nous avons eu très peu de défections, si l'on considère qu'en quarante-sept ans d'existence plus d'un millier de ces pauvres filles est passé par nos mains.

Le couvent fondé rue de la Chevrotière à l'époque où le faubourg Saint-Louis, dont cette rue fait partie, passait pour mal fréquenté, se trouve maintenant à l'entrée d'un quartier neuf peuplé de belles résidences que domine le monumental Palais législatif. Je suis d'abord introduite dans le parloir, dont la porte est surmontée d'une inscription significative : « La séparation en ce monde ne dure qu'un instant, la réunion au ciel est éternelle. » Ensuite nous passons dans les salles de différentes dimensions où travaillent par groupes les pénitentes, celles-ci à la lingerie, celles-là aux fleurs artificielles, à l'imprimerie, etc. Quelques-unes tissent l'étoffe rayée purement canadienne qu'on appelle *catalogue*. Il y a beaucoup de tailleuses qui coupent et cousent des habits religieux. Le silence est absolu, sauf pendant les deux heures de récréation ; mais à chaque heure qui sonne une prière est faite à haute voix et une pénitente, tout en tirant l'aiguille, prononce ces paroles :

Encore une heure d'écoulée. — Encore un pas vers l'éternité. — Pour les pécheurs endurcis, c'est un pas de plus vers l'enfer, — pour les justes pénitents, c'est un pas de plus vers le ciel.

Puis un cantique, puis le silence et toujours le travail. Généralement chaque groupe d'ouvrières est sous la surveillance d'une ou deux *consacrées*. Les consacrées sont des pénitentes qui volontairement restent cloîtrées jusqu'à la mort, gardant auprès des religieuses l'attitude de Magdeleine auprès de la Vierge, liées comme elles par le triple vœu de pauvreté, de chasteté, d'obéissance et ajoutant en-

Thérèse Bentzon

core des austérités volontaires au régime rigoureux de la maison.
Il y a des consacrées qui depuis douze, quinze, vingt-cinq ans ne
sont pas sorties de l'enceinte du Bon-Pasteur ; je les regarde avec
un respect presque craintif tant elles me paraissent surhumaines.
Quelques-unes, au visage de cire, semblent demi-mortes déjà sous
le vêtement noir qui les distingue de la foule en robes de cotonnade
bleue. L'une d'elles, d'apparence particulièrement recommandable,
tenait autrefois, il y a si longtemps qu'elle ne s'en souvient plus, un
mauvais lieu ; d'autres vous parlent avec un sentiment d'horreur
du temps qu'elles ont passé « dans le monde ».

Une seule consacrée, merveilleusement jolie, malgré l'affreux
bonnet noir qui lui cache les cheveux, d'apparence toute jeune,
quoique depuis onze ans elle expie, grande, élancée, souriante et
fraîche, garde un air de fierté au milieu de tous ces visages ascé-
tiques et pâlis. Elle se nomme Lizzie, elle est Écossaise, elle a passé
de l'hôpital à l'asile, ce qui arrive assez souvent. Son histoire n'a
rien de romanesque ; il y en a de plus curieuses, assurément, celle
par exemple de cette fille si maigre dont les petits doigts légers chif-
fonnent lestement de la dentelle et qui le dimanche accompagne à
l'orgue les chants de ses compagnes. Un piano se trouve dans la
chambre, et la supérieure l'engage à me faire un peu de musique.
La voilà qui attaque brillamment de souvenir la partition de *Faust*.
C'est une Parisienne enlevée par un amant qui l'a abandonnée en
Amérique. Que l'aventure soit vraie ou fausse, l'expiation est là, terrible dans un pareil milieu et supportée, j'en suis témoin, avec une
résignation enjouée. Peut-être la pensée que ce ne sera pas long
y aide-t-elle un peu. La consomption ronge cette exilée seule de
son espèce, mais non pas la seule poitrinaire, il s'en faut, parmi ses
compagnes. On me présente des épaves de tous les coins du globe,
jusqu'à une Turque, dont il est impossible de ne pas remarquer en
passant le teint basané, les grands yeux languis-sans d'Orientale.
Elle est pauvre fille, comme les oiseaux qui ne sèment, ni ne mois-
sonnent, je n'ose dire comme les lys des champs qui ne travaillent,
ni ne filent. Personne ne la presse ; sa lenteur, ses maladresses ont
droit à l'indulgence. Elle vient de si loin, oubliée à quatorze ans
dans un fossé par des saltimbanques. L'asile lui ouvrit ses portes,
elle s'y réfugia, elle y est restée. C'est un peu « la jeune Captive ».
Son parler zézayant et indécis me frappe ; elle a presque oublié

pourtant sa langue natale, mais il lui reste en mémoire quelques lambeaux de chansons, un chant de guerre, entre autres, qu'elle entonne avec une soudaine énergie. Bien entendu je ne cite que les figures originales, j'omets une majorité insignifiante de lourdes créatures à l'œil fixe, au sourire stupide, et les nombreuses personnes en tout pareilles à d'autres, réputées respectables, dont la physionomie trahit simplement le manque de volonté : tout dépend de l'empreinte mise sur cette cire molle et l'empreinte est bonne pour le moment. Une Anglaise, osseuse, brûlée par le gin, le regard fou, saute de joie quand on lui promet, faute de mieux, du thé, du thé très fort. On me montre une exaltée dont le repentir s'est trahi la veille à l'église par des espèces de convulsions que les religieuses surveillent attentivement, se méfiant de ce genre d'extase. Le personnel du Bon-Pasteur de Québec, tout en ressemblant sur certains points à celui d'autres maisons européennes de la même dénomination, est certainement plus pittoresque, plus varié qu'ailleurs. Où trouverait-on, par exemple, cette négresse, une plantureuse négresse de la Nouvelle-Ecosse, qui travaille dans le jardin, vêtue d'une robe blanche assez sale ? — Elle raffole du blanc et des fleurs, me disent en riant les mères. — Et elles font signe à Mary-Jane. Celle-ci s'approche avec l'humble joie d'un gros chien appelé par son maître. Sa large face lippue n'est que sourires.

— Voici une dame étrangère qui parle de nous amener une autre négresse, une jeune petite négresse, Mary-Jane.

Il faut voir le regard furibond qu'elle me jette !

— Une autre négresse ! Je ne serai plus la seule ! Non, non ! Je veux être la seule négresse ici.

Et je comprends vite que cette bonne grosse rieuse a son rôle très utile dans la communauté. Elle y apporte la note gaie. Ce rôle de bouffon, elle le joue depuis une dizaine d'années en toute innocence. Certes, elle est parfaitement inconsciente d'avoir couru jadis après les soldats et les matelots d'Halifax. Pour dire quelque chose, je demande son âge.

— Je n'ai pas d'âge, répond-elle dans un éclat de ce rire nègre qui est le plus contagieux du monde. Je suis un enfant. Les religieuses reprennent : — Notre vieil enfant gâté.

Et de ses mains noires souillées de terre, Mary-Jane effleure tendrement leur voile, un pli de leur robe, avec l'humilité qui fera toujours dire à ceux qui ont le droit de prononcer de telles paroles : « Allez, vos péchés vous sont remis. »

Toutes ne sont pas aussi joyeuses. Une assez gentille brune, occupée à la reliure, a été amenée ici par son père. Elle pleure, tout en travaillant, et répond à une parole de bienveillance : — Commencez-vous à vous habituer un peu ? — par un hochement de tête révolté.

— Celles qui nous donnent le plus de peine, me disent les religieuses, sont les rebelles que leurs familles nous confient… Mais tenez, en voici une dont l'entrée a été singulière. Elle nous fut amenée à une heure indue par un jeune homme qui n'avait certes pas la mine d'un instrument de la Providence. Dieu le récompensera tout de même de sa bonne action.

A la cuisine, la supérieure demande à une grande fille hardie : — Vous êtes toujours décidée à nous quitter, mon enfant ?

— Toujours ! répond l'autre d'un air de défi.

— Vous l'avez déjà dit bien des fois et vous êtes toujours restée. Réfléchissez encore un peu, ne vous pressez pas.

—Il y en a, reprend-elle tout bas, qui se placent en sortant d'ici dans des maisons honnêtes ; il y en a qui se marient.

L'ordinaire des repas est copieux ; là encore le régime du couvent catholique s'éloigne du pénitencier protestant qui se propose scientifiquement d'atténuer les forces physiques.

— Pour bien travailler, disent les religieuses, il faut manger, et puis ces précautions humaines ne conduisent à rien ; l'essentiel c'est la bonne volonté qui attire sur nous la grâce de Dieu.

Elles ont de saintes audaces en vertu de ce principe. L'un des dortoirs très grand, bien aéré d'ailleurs, est tellement encombré de lits, qu'il est impossible d'y circuler ; on dirait une mosaïque formée par les couvre-pieds multicolores.

— Nous sommes un peu serrées ici, en effet, m'explique la sœur surveillante dont la couchette occupe l'un des coins de la chambre, la place nous manque dans notre vieille maison. Oui, c'est presque scandaleux, mais la Sainte Vierge leur fait la grâce, après la besogne du jour, de dormir comme des enfans.

Et, me montrant du doigt une statuette de la Vierge, au pied de laquelle brûle une toute petite lampe : — Cette lampe-là ne s'éteint jamais ; elles l'entretiennent volontairement à leurs frais.

A leurs frais ! l'huile de cette lampe gardienne payée avec les pauvres sous qui restent à la disposition des vierges folles, devenues sages. Comment n'être pas touché ?

Dans les sous-sols où l'on fait la lessive, ce n'est pas l'émotion qui me prend, tout au contraire. Je ne puis m'empêcher de rire devant ces robustes gaillardes, véritables types de bêtes de somme, taillées pour les gros ouvrages, les manches retroussées, clapotant dans leurs galoches mouillées et vêtues, comme des masques, de couleurs éclatantes. Plusieurs pièces de flanelle rouge ont été données à la communauté et utilisées ainsi en blouses, en sarraux. Ce luxe d'écarlate les ravit, elles s'agitent, pareilles à des homards cuits dans la buée épaisse qui se dégage des cuves ; une grande partie du linge de la ville est envoyée au Bon-Pasteur et les battoirs de s'escrimer devant les vastes auges où l'eau coule en se renouvelant. C'est un spectacle qui a manqué au cercle d'observation de M. Zola et dont il eût certainement tiré parti.

Nous achevons notre tournée par l'infirmerie. Je n'y vois que deux malades : l'une affreuse, les yeux retournés, presque moribonde, dans un lit bien blanc avec une sœur à son chevet. L'autre est debout, parce que, me dit-elle en anglais, son corps n'étant qu'une plaie, elle souffre trop couchée. Et elle gémit comme un animal blessé. C'est une toute petite femme, au visage livide, d'une pâleur grise, aux traits ravagés et, à travers cette laideur de la débauche, de la maladie, de la vieillesse anticipée, brillent de grands yeux bleus d'Irlandaise, limpides, pathétiques, extraordinaires sous leur frange de cils noirs, des yeux qui démentent tout le reste. Ah ! celle-là, combien de fois est-elle partie et revenue, après l'hôpital, après la prison ! Elle boit, et dans l'ivresse, il n'est rien dont elle ne soit capable. On la reprend, on la soigne quand même ; avant quelques jours, elle aussi mourra dans un lit immaculé, entourée de soins et de prières.

— Cette fois, me dit la supérieure, je crois que c'est fini tout de bon, qu'elle ne s'en ira plus.

Un vol de blondes tourterelles, voilà comment m'apparaissent les sœurs grises de la Charité à Québec, dans le jardin de leur maison. Elles ont le plus charmant habit du monde, d'un gris café au lait très doux, la jupe de camelot drapée comme celle des ménagères de Chardin, avec un camail noir à capuchon, et sous le petit bonnet de gaze noire une bande de mousseline blanche qui forme sur le front un double rouleau. Toutes, qu'elles soient Canadiennes ou Anglaises, sont sveltes, minces, élégantes ; toutes me semblent jeunes, peut-être parce qu'elles meurent assez vite au rude métier qu'elles font : éducatrices, gardes-malades, berceuses, embrassant tout le cercle de la charité, dirigeant avec cela un pensionnat très fréquenté par les jeunes filles de la bourgeoisie tant anglaise que française. Quelqu'un leur disait devant moi :

— C'est entre vous une émulation répréhensible à qui mourra la première !

Et elles riaient sans dire non, pressées en effet de partir, par l'ardeur d'une foi inexprimable qui leur montre le ciel tout près, comme si elles n'y étaient pas dès ce monde !

A voir les grands bâtimens qu'elles habitent, avec de vastes cours plantées d'arbres et une superbe église, vous ne soupçonnez pas les difficultés qu'elles traversèrent, si pauvres que bien souvent, au début, le repas sonnait chez elles sans qu'on eût rien à manger. Elles rendaient grâces et se retiraient l'estomac vide ; mais peu à peu les aumônes vinrent, non pas de grands dons comme en reçoivent les établissemens de charité aux États-Unis, — on n'est pas riche au Canada français, — mais obole sur obole tombèrent dans le tronc de l'asile. Si les sœurs vivent de peu, leurs enfans sont bien logés, bien soignés. J'en juge par les dortoirs, les classes, la salle de bains, la lingerie admirablement tenue depuis vingt ans par une infirme qui n'a qu'une main !

Rien chez les sœurs grises ne m'a intéressée autant que l'asile des garçons, Nazareth, situé en face du couvent même. C'est une ancienne caserne où les glacis abandonnés de la garnison servent de promenoir et, le jour où j'y suis reçue, l'école paraît encore singulièrement militaire. On m'introduit dans une longue galerie à l'entrée de laquelle un factionnaire de dix ans monte gravement la garde. Il y a là une brigade de gamins en train de faire l'exercice. Leur coiffure, leurs semblans de fusils, leurs sabres de bois les transforment en soldats. Ils défilent au pas gymnastique, précédés de trompettes qui, par un contraste amusant, — cette brigade représentant l'armée anglaise, — sonnent l'air éminemment français de *Mal'brough*. Toute la marmaille manœuvre en mesure sous les ordres d'un ancien sous-officier, anglais bien entendu, qui s'acquitte de cette tâche par reconnaissance, son frère ayant été autrefois élevé dans l'asile.

— La femme et les enfans de ce brave homme sont morts, me disent tout bas les sœurs, il a du chagrin et se distrait ainsi. Nos garçons se trouvent très bien de son enseignement ; ils y gagnent bonne tenue, bonne tournure, l'exercice les dégourdit, ils prennent au régime militaire des habitudes de discipline, d'obéissance, et aussi de responsabilité, car les officiers de notre petite brigade sont choisis parmi les sujets les plus méritans. Ils appliquent les ordres du chef, ils savent les peines méritées par telle ou telle infraction et ne laissent passer aucune peccadille. Tous prennent leur consigne au sérieux. Ils s'acquittent militairement des corvées de la maison ; plus tard on les verra soumis à leur patron, dans la vie civile, comme ils le seraient en cas de guerre à leurs officiers.

Tout ceci me paraît fort sage, mais le côté incongru, c'est le mélange d'Angleterre et de France dans l'*entraînement* des petits Canadiens. Ils chantent à tue-tête en français le *On ne passe pas !* du *P'tit caporal*, tout en faisant l'exercice sans manquer au commandement jeté en anglais, bien que la plupart ne parlent que très peu ou même point du tout cette langue. Une religieuse anglaise s'efforce pourtant de leur apprendre ce que doit en savoir un féal sujet de la reine Victoria.

Regardant de loin les jeunes soldats, sans se mêler à eux, car on ne permet aucun contact entre lui et ses camarades, il y a un petit *consomptif* mélancolique, aux longs cils noirs balayant ses joues pâles, et deux jeunes Syriens d'apparence merveilleusement exotique. Des hordes d'émigrés Syriens sont venus peupler un faubourg de New-York et se répandre dans plusieurs villes des Etats-Unis, où ils font de menus commerces, mais j'ignorais qu'ils eussent pénétré jusqu'au Canada, meurtrier pour ces pauvres enfants du soleil.

On compte deux cents garçons à Nazareth ; il y a autant de petites filles dans le couvent. Elles me sont présentées en bel uniforme du dimanche, l'emblème du Sacré-Cœur sur la poitrine, dans la grande salle de réception. Toute la troupe est armée de bâtons et les exercices de callisthénie se succèdent avec un ensemble étonnant, comme les figures compliquées d'un ballet. Ce ne sont pas tous des enfants pauvres proprement dits ; beaucoup de familles trop nombreuses sont obligées d'avoir recours à l'asile ; la ville entière a des motifs de reconnaissance envers les Sœurs grises. Elles enseignent aux petites filles une foule de métiers. Parfois elles réussissent à faire entrer les plus intelligents des garçons au séminaire pour des études complètes ; quelques-uns, des externes, reviennent chaque jour prendre leurs repas sous ce toit qu'on peut bien appeler maternel. Mais c'est dans la maison mère de Montréal qu'il faut surtout voir fonctionner les infatigables Sœurs grises. Là elles semblent vraiment avoir pris possession de toutes les misères humaines.

J'ai été accueillie par la propre sœur de l'abbé Casgrain, décédée depuis et qui a dû laisser dans la communauté un vide irréparable. Sœur Baby, comme on l'appelait du nom très considéré de sa famille maternelle,[1] réalisait le type même de la religieuse grande dame et savante organisatrice ; c'est elle qui m'a conduite, avec les plus intéressants commentaires, à travers tous les détails de cet immense refuge de vieillards, d'incurables, d'infirmes de toute sorte et d'enfants trouvés. L'esprit de la fondatrice, Mme d'Youville, la femme forte par excellence, était en elle. Cette Mme d'Youville, issue d'une noble famille bretonne et veuve d'un mari prodigue et libertin, absolument ruinée, avec des enfants à élever, trouva le temps et le moyen de recueillir une catégorie de misérables que ne secourait pas encore la pitié publique. Longtemps le Canada avait ignoré le vice ; considéré comme une mission plutôt que comme une colonie, il n'avait reçu que des colons triés avec scrupule ; aussi dans un laps de soixante-neuf années, ne trouve-t-on inscrit, sur les registres des baptêmes, que deux enfants nés hors du légitime mariage ; les filles, suspectes si peu que ce fût, étaient immédiatement renvoyées en France.

A partir de 1669, l'émigration marchant avec trop de lenteur, le gouvernement expédia ce que la mère Marie de l'Incarnation ap-

---

1 Baby est la transformation de Batbie, nom de Gascogne, importé au Canada par un officier du fameux régiment de Carignan-Salières.

pelle dans ses lettres « une marchandise mêlée », ou encore « beaucoup de canaille de l'un et l'autre sexes. » La guerre contribua aussi à l'altération des mœurs, sinon dans les campagnes, presque intactes aujourd'hui encore, du moins dans les villes ; bref, les naissances illégitimes se multiplièrent peu à peu et aussi les infanticides, la honte qui s'attachait à de certaines faiblesses conduisant les coupables aux dernières extrémités. Tant qu'avait duré la domination française les seigneurs, hauts justiciers autorisés à percevoir les amendes, répondaient de la nourriture des enfants trouvés dans le ressort de leur juridiction ; mais il y avait de singuliers abus, les sages-femmes, chargées de les placer, allant jusqu'à vendre parfois ces petits malheureux aux sauvages. Après la conquête anglaise, ce fut bien pis ; le nouveau gouvernement refusa de contribuer en rien à cette œuvre. Alors intervint Mme d'Youville, que le roi avait appelée quelques années auparavant à l'administration de l'hôpital de Montréal, elle et ses assistantes, les « demoiselles de la charité ». Mme d'Youville, sans rien calculer, se déclara prête à recevoir tous les enfants trouvés qu'on lui apporterait. Déjà Mme Legras avait donné en France un pareil exemple ; mais pour la première fois il était suivi en Amérique.

Afin de suffire aux dépenses de sa maison, qui prenait ainsi de nouvelles charges, au lendemain d'une guerre de Sept ans, Mme d'Youville dut faire tous les métiers, se livrer au commerce, à l'industrie, exploiter des carrières, fabriquer de la bière, du tabac, prendre des animaux en pacage, troquer avec les Indiens, organiser des services de bateaux et de transport en général, mais d'abord travailler de ses mains et recevoir des pensionnaires. Les dames âgées des meilleures familles devinrent ses collaboratrices en allant volontiers loger chez les Sœurs grises ; elles trouvaient là bonne compagnie ; la plupart des grands noms du Canada figurent sur le registre où s'inscrivent encore beaucoup de douairières contentes de vieillir et de mourir au couvent, comme c'était si souvent l'habitude dans la mère patrie du XVIIe siècle. Et les Sœurs grises continuent à s'évertuer sans relâche au profit de leurs chers pauvres ; elles font des hosties, elles coulent des cierges, elles brodent des ornements d'église, elles fabriquent des liqueurs, elles sont expertes en pharmacie, elles vendent des objets de piété. L'une d'elles, qui a passé de longues années en mission chez les sauvages et y est devenue chirurgienne, a un cabinet de dentiste ; une autre fait de la sculpture en cire, des enfants Jésus, des têtes, des mains, des pieds de grandeur naturelle qui, complétés par des vêtements plus ou moins pittoresques, sont exposés dans les châsses d'églises. Ces saints de cire et d'étoffe ont de vrais cheveux, des plaies béantes et le sang du martyre à la gorge ; il y en a d'une réalité saisissante.

L'administration des biens de la communauté n'est pas la moindre besogne des religieuses. Il faut voir les grands livres de l'économat tenus par elles seules. Les couvents de femmes au Canada sont, de l'aveu des juges compétents, très supérieurs sous ce rapport aux couvents d'hommes. Ceux-ci se sont mis quelquefois dans l'embarras, tandis que l'administration des religieuses est impeccable (chose à considérer au point de vue *féministe*).

Le temps et l'espace me manquent pour énumérer seulement toutes les œuvres de charité qui ont leur place dans cette immense maison, tout un monde. Je me suis promenée au milieu de la nourrisserie où des douzaines de chétives créatures dans leurs berceaux, un biberon aux lèvres, semblent pour la plupart vouées à la mort, quelques soins qu'on leur prodigue. Les grosses chaleurs de l'été les emportent presque en masse. Il y a beaucoup d'estropiés et pour cause ; ces épaves de la misère et de l'inconduite échouent d'ordinaire sous la porte du couvent, enfermées dans un panier. Quatre sont arrivés, me dit la Sœur Baby, ensemble, au fond de la même corbeille. La mère dénaturée ne se fait pas scrupule de leur casser un membre pour qu'ils entrent dans le récipient trop étroit. Comprimés, tordus, malsains presque toujours, avec des vices héréditaires probablement, que deviendraient-ils dans la vie ? Sans doute la canicule leur rend très grand service, aux garçons surtout qui ne pourraient rester dans le couvent au-delà d'un certain âge, passé lequel on les distribue dans la campagne, où ils sont reçus avec répugnance, traités durement. Il n'existe pas un service de l'Assistance publique bien organisé comme chez nous. Les Sœurs grises ne vivent que de ce qu'elles possèdent en propre, de ce qu'elles gagnent et des aumônes de quelques particuliers, sans subvention de l'État, accablées au contraire d'impôts très lourds.

La salle des *babies* qui ont résisté au biberon et à la chaleur est d'un joli aspect ; on fait danser devant moi les petites filles. Leurs aînées, qui seront placées comme ouvrières ou comme servantes, à moins qu'elles ne préfèrent rester dans la maison, chantent en battant des mains pour accompagner des pas très bien réglés. Une petite Huronne se livre avec entrain à la danse de sa tribu, qui ressemble beaucoup à une bourrée auvergnate ; celle-là est une simple orpheline ; d'autres enfants ont père et mère, mais la pauvreté ou l'abandon leur donne droit d'asile dans cette ruche qui ne renferme pas moins de neuf cents hôtes, grands et petits. A tous, vieillards, infirmes, lamentables débris humains de tout âge, la grande et belle chapelle est commodément accessible. Chacun des étages de la maison donne sur une de ses tribunes, de sorte que les plus impotents peuvent encore sans fatigue se traîner jusqu'à Dieu.

En présence de cette tendresse, de cette ingéniosité de la charité catholique, faut-il s'étonner du peu de succès qu'a rencontré le dernier projet philanthropique, si bien intentionné pourtant, de son excellence lady Aberdeen, épouse du gouverneur général ? Non contente de voir fonctionner des *trained nurses* de premier ordre dans le monumental *Victoria Hospital* de Montréal, elle voulait déléguer des postes de ces infirmières diplômées dans les villages, sans bien se rendre compte de l'attachement exclusif qu'aura toujours l' « habitant » français pour les Sœurs blanches et grises. Celles-ci ont en partage tout ce qui ne s'improvise pas et ce qu'aucun brevet ne peut donner, de longues associations avec le passé historique ; elles parlent la langue maternelle, elles représentent la religion dus aïeux ; quelque chose de plus fort que le devoir professionnel le mieux rempli leur fait braver, rechercher même tous les dangers, toutes les souffrances ; le célibat enfin leur donne le droit de vivre pauvres, au service des pauvres. Il n'y a pas de hautes études qui puisse remplacer cela. Et le *Royal Victoria Hospital* lui-même, dont la construction a coûté plus d'un million de dollars à ses généreux fondateurs, lord Mount Stephen et sir Donald Smith, l'hôpital-palais qui se dresse comme le plus bel échantillon de la munificence anglaise au milieu d'un parc admirable, ne pourra, de longtemps du moins, prétendre à rivaliser avec l'Hôtel-Dieu plus modeste auquel reste attaché le nom si français de l'humble Jeanne Mance.

ISBN : 978-1544618777

Thérèse Bentzon

www.ingramcontent.com/pod-product-compliance
Lightning Source LLC
Chambersburg PA
CBHW072024280526
45788CB00007B/2657